MEMOIRE

DU SIEUR ABBÉ

DE LUXEMBOURG

GRAND MAISTRE DE L'ANCIEN

Ordre Militaire & Archi-hospitalier des Chevaliers & Religieux du saint Esprit de Montpellier par Brevet du mois d'Aoust 1693.

A MESSIEVRS les Commissaires nommez par sa Majesté pour l'execution de l'Edit du mois de Mars de la même année.

(2)

MEMOIRE

POUR JUSTIFIER CONTRE

Grandvoynet prétendu Commandeur de Dole, que l'Ordre du Saint Efprit de Montpellier eft Regulier & Militaire, composé de Chevaliers & de Reguliers.

E ROY par Edit du mois de Mars 1693. declare l'Ordre du Saint Efprit de Montpellier Militaire, en conformité de l'Edit de 1671. de differentes Bulles enregiftrées & fuivies d'une entiere foumiffion de la part des Reguliers.

Grandvoynet entreprend de faire voir que le Roy s'eft trompé. Il attaque fes Edits, & le Brevet de Grand Maiftre. Ce Franc - Comtois condamne hardiment le choix & les décifions de fa Majefté.

Le Sieur Abbé de Luxembourg ne croit pas com-

A ij

mettre l'autorité du Roy & de ſes Edits devant des Magiſtrats à qui l'execution en eſt confiée. Il a l'a-vantage que Meſſieurs les Commiſſaires ſe trouvent dans ~~bien~~ l'obligation de les défendre.

Quoy que la ſeule volonté du Roy ſoit la regle de nos ſentimens ſur la Juſtice de ſes Declarations, com-me il veut bien permettre qu'on en examine les mo-tifs, on expoſe dans ce memoire ſur quelles conſide-rations les Edits de 1671. & de 1693. peuvent eſtre fondez; on détruit quelques moiens que Grandvoy-net employe pour y donner atteinte; & l'on ſe ſert des autres pour établir la Milice.

Les ſouſtractions, & les enlevemens qu'il a fait des titres de l'Ordre, les ſuppoſitions & les impoſtures qu'il hazarde dans ſon memoire, les alterations & les fauſſetez de ſa façon, ſe pourroient placer en cet endroit, & donner d'abord des préjugez déſavanta-geux de ſon caractere & de ſes deſſeins. On luy en fait grace pour quelque temps, on debute par ce qui paroît de plus plauſible en ſa faveur, & par les moiens qu'il eſtime les plus conſiderables.

MOYENS DE GRANDVOYNET.

La Commanderie de Montpellier a eſté fondée par Guido en 1198. Il en eſt l'Inſtituteur. Il a inſtitué un Ordre purement Regulier.

La Bulle d'Innocent III. du mois de Decembre 1198. eſt préciſe. Il ne ſe peut rien de plus formel, Dilectis filiis fratri Guidoni fundatori Hoſpitalis ſancti Spiritus, tam præſentibus quam futuris Regularem vitam Profeſſis in perpetuum Religiosam vitam eligentibus Apostolicum convenit adesse præsidium.

Les autres Bulles du même Pape, & les Bulles de ses Successeurs sont conformes dans tous les Siecles sur l'estat Regulier de l'Ordre, il ne s'y trouve pas un seul mot de Milice, ny de Chevaliers. Ce sont là les propositions & les preuves de Grandvoynet.

PROPOSITIONS DU SIEUR ABBÉ
de Luxembourg.

L'Ordre du Saint Esprit de Montpellier est mixte, composé de Reguliers & de Seculiers.

Ce même Ordre étoit institué avant Guido, & avant la Bulle d'Innocent III. du mois de Decembre 1198.

Guido s'efforça d'introduire la regularité universelle dans l'Ordre ; d'aneantir la Milice & les Chevaliers ; de rendre l'Ordre purement Regulier. C'est pour cela qu'il en est qualifié Fondateur par la Bulle d'Innocent III. & que les Reguliers l'ont toûjours consideré comme le premier Instituteur de l'Ordre.

La Milice est precisément établie par les Bulles.

Le dessein de Guido n'a que trop bien réüssi dans le cours de quelques Siecles, la Milice a esté presque aneantie.

Les Reguliers sont tombez en décadence ; ils ont eu besoin du secours des Chevaliers pour leur rétablissement.

Les Bulles d'Urbain VIII. ont rétably la Milice

& l'Ordre dans le premier état de son institution.

PREUVES DES PROPOSITIONS
du Sieur Abbé de Luxembourg.

Il est souvent difficile de découvrir l'origine, le temps précis, & le point de la naissance d'un Ordre. Les Auteurs modernes obligez d'étendre leurs veuës & leurs connoissances à des Siecles éloignez, & qui ne sont pas à portée des evenemens, n'en peuvent parler d'une maniere exacte & à faire toucher la verité. Les Anciens se trouvent quelquefois prevenus de passion ; & ceux qui apportent un esprit neutre, des lumieres pures & desinteressées, ne touchent pas toûjours de si prés au temps de l'institution, que l'intervale qui les sépare ne laisse matiere à des conjectures, & à des raisonnemens sur des questions de fait, dont les yeux doivent decider, & dont à parler juste, ils sont seuls les Juges naturels & veritables.

On pourroit citer un grand nombre d'Ordres, dont l'origine incertaine & douteuse a partagé les Auteurs. On se contente de donner pour exemple l'Ordre de saint Jacques de Compostelle, si fameux en Espagne, où il subsiste encore avec éclat. Les Espagnols ne manquent pas d'Auteurs, & n'ont gueres accoustumé de negliger ce qui sert à leur grandeur & à leur élevation, leurs Historiens sont neantmoins partagez sur l'institution de cet Ordre, & à la honte des Anciens qui le font du neuviéme Siecle, le dernier de tous justifie, qu'il ne fût institué que sous Alexandre III. par l'entremise du Car-

Mariana lib. 11. c. 13.

dinal Hyacinte, & qu'ils se sont mécomptez de plus
de deux Siecles.

Si le temps de la fondation d'un Ordre remply
d'Auteurs a esté contesté , il ne faut pas s'étonner
qu'il y ait des contestations sur l'origine de l'Ordre
du Saint Esprit de Montpellier. Les anciens Chevaliers ne se servoient que de leur épée , les gens de
Lettres estoient rares parmy les Reguliers, & leurs
Sçavans se sont dispensez d'écrire, soit par application à leur regle , soit de dessein & de peur que le
recit fidele du veritable état de leur Ordre ne fit connoistre leur injustice & les Chevaliers qu'ils s'effor-
çoient d'aneantir.

Il ne faut pas attendre des Etrangers le secours
& l'éclaircissement qu'ils se sont refusez à eux-mê-
mes. Les soins des Reguliers à supprimer tous les
titres favorables à la Milice , les Incendies , les Guerres civiles , les malheurs impréveus , dont le Sieur
Abbé de Luxembourg rendra compte , découvrent
qu'il estoit difficile de marquer précisement l'Origine de cet Ordre.

Des Auteurs de ce Siecle qui sont du même Ordre , les Seculiers ont quelquefois outré les choses,
mélants des faits incroyables dans leurs Ouvrages,
ils se sont osté toute creance & fait soupçonner d'erreur les veritez les plus sensibles : parmy les Reguliers , Saulnier Profez de Rome ne prend la
plume qu'en Chef de party , que pour combattre la
Milice , toûjours Declamateur & remplaçant le défaut de preuves par des tours d'esprit , & par des
figures. Gaultier Commandeur Regulier plus habile

& plus fincere , fait voir fa bonne foy & fon habile-
té dans les preuves qu'il en rapporte. Les autres Ecrivains tombent en erreur pour avoir fixé l'epoque
de l'Ordre à la Bulle d'Innocent I I I. fans porter
au delà leurs vûës & leurs recherches ; & les Sieurs
de Sainte Marthe qui ne veulent ny compromet-
tre leur reputation , ny hazarder la verité , fe font
expliquez d'une maniere incertaine.

Il n'eft pas de neceffité abfoluë d'examiner à fond
l'Origine de l'Ordre. Le Sieur Abbé de Luxembourg
fe doit renfermer dans fes propofitions qu'il juftifie
par un recit naturel en forme hiftorique, & dreffé
de forte , que les faits fuivans établiront les premiers & qu'ils fe ferviront fucceffivement de preuve les uns aux autres.

On ne peut douter que l'Ordre des Hofpitaliers
du Saint Efprit ne foit le plus celebre & prefque
le plus ancien Ordre de l'Eglife , & il n'y a pas
lieu de contefter qu'il eft formé de differentes
perfonnes engagées , les unes dans la Clôture &
dans l'Obfervance de la vie Reguliere , les autres
dans le commerce du monde & dans l'épée. Les
mêmes preuves qui en découvrent l'antiquité ju-
ftifient en même temps la Milice & les Chevaliers.

La grandeur de l'Ordre & la puiffance des Chevaliers paroiffent dans le grand nombre de Commanderies répanduës par toute la terre au neuf, dix &
onziéme Siecles. Ils affectoient fur toutes chofes
d'arborer en divers endroits & en differentes con-
trées de l'Europe un figne & un étendart public

qui

Sponde &
Gariel.

To. 3. de
Gal.Chrift.
pag. 576.

qui marquoit leurs obligations & leur miniſtere par le ſeul Titre & la ſeule dénomination de leurs Commanderies DE SPADA RUBEA. Cette épée flamboyante ſelon leur expreſſion faiſoit connoiſtre l'eſſentiel de leurs engagemens & qu'ils devoient toûjours eſtre en armes pour garantir les Pelerins de l'incurſion des voleurs, qui formoient autrefois dans l'Europe un peuple entier & une eſpece de nation differente, tenir en reſpect les Heretiques & les Infideles, aſſeurer la tranquilité des pauvres & des foibles à l'ombre d'un éclat funeſte aux ſcelerats & aux ennemis de la Foy.

Des Pelerinages, qui faiſoient une partie de la Dévotion de ces Siecles, il n'y en avoit pas de plus en vogue que ceux de ſaint Jacques en Galice. Differens Auteurs atteſtent que le Corps de ce ſaint Apoſtre eſt dépoſé dans l'Egliſe conſacrée ſous ſon nom à Compoſtelle aujourd'huy la Capitale de cette Province. Les Roys & les Princes furent touchez de la meſme devotion. Leur exemple augmenta la reputation de ces pelerinages. On y donnoit par preferance à tous les autres, & on ne manqua pas d'ériger un grand nombre de Commanderies Hoſpitalieres du ſaint Eſprit ſous l'invocation de ſaint Jacques de Compoſtelle, *Præceptoriæ ſancti Spiritus de ſancto Jacobo.*

Comme l'Ordre des Chevaliers de ſaint Jacques n'a eſté inſtitué en Eſpagne qu'en 1175. Les Chevaliers du ſaint Eſprit ſe poſtoient ſur les avenuës pour faciliter les chemins. On avoit même fondé des Commanderies dans les paſſages, à MAN-

CIET, à BRAGAYRAC, à ORION, à BES-
SAUT en Guyenne, à ANDAYE proche saint
Jean de Luz, ces Commanderies titrées DE SPADA
RUBEA. Les unes simplement & avec des expressions plus courtes, en façon de devise, *Præceptoria cum Hospitali de Spadâ Rubeâ sancti Spiritus in Compostellâ*, les autres d'une maniere un peu
plus étenduë, & où l'on ajoûtoit le mot *sancti Ja-
cobi in Compostellâ*. Les unes & les autres annon-
çoient aux Pelerins, des Chevaliers en armes pour
les conduire en seureté à saint Jacques de Compostelle.

Il est des regles & d'une necessité indispensable
dans tous les Ordres de tenir de temps en temps des
Chapitres pour prévenir ou pour reformer les abus,
pour renouveller les Constitutions, & pour maintenir la discipline ; les Archives des Maisons de l'Ordre du Saint Esprit sont remplies d'Actes capitulaires, où les Chevaliers, qui sont qualifiez *Milites armati*, se trouvoient armez de pied en cap, &
en équipage de Chevalerie. Il paroist même qu'en
Juin 1032. le grand Maistre tint à Montpellier un
Chapitre General composé des grands Prieurs, des
principaux Commandeurs & des plus considerables
Officiers de l'Ordre.

Presque dans le mesme temps du Chapitre General de 1032. *Un particulier fonda l'Hôpital du Saint
Esprit de Marseille sous la dépendance du grand Maître, suivant les termes des Annales de cette Ville.
Hugues de Baux, qui en estoit Vicomte, le prit sous sa
protection en 1212. Baralis son fils augmenta les basti-*

*Annales
Ecclesiastici
par le Pere
Quesnay
pag. 527.*

mens & les revenus de cet Hôpital, fort ancien, & *bâti des Siecles auparavant, jam olim Constitutum mul-* *tis reditibus & ædificiis auxit & amplificavit. Jam* *olim,* paroles dont la signification emporte un temps immemorial, qu'aucun homme le plus avancé en âge ne peut ny marquer ny avoir entendu dans sa jeuneſſe, & qui retrograde du moins juſqu'au dixié-me Siecle.

Quoy qu'on ait enlevé des Archives de Dijon tous les titres de la Commanderie, il eſt par hazard échapé aux voleurs, & revenu au Sieur Abbé de Luxembourg un titre original de la Commanderie de Fouvent, qui eſt des dépendances de la pre-miere.

Le quinziéme de May de la derniere année du douzié-me Siecle, Henry Seigneur de Fouvent, qui avoit fon-dé une Commanderie à l'honneur du saint Eſprit, pour dépendre & faire un membre de la Commanderie de Dijon, ajoûte encore de nouvelles liberalitez en faveur du mé-me Hôpital de sa fondation, le droit de Foire, les lan-gues des animaux, les mains-mortes de ses terres, & les uſages des bois.

Encore que le temps précis de la fondation de cét Hôpital de Fouvent ne paroiſſe point, on ne laiſſe pas de voir qu'il étoit établi avant ce dernier Acte, qui eſt preſque de la même datte que la Bulle d'Innocent III. de Decembre 1198. Et qu'un Sei-gneur nommé Gerard amy du Seigneur de Fouvent avoit augmenté le même Hôpital par differentes donations. Il ſervoit pourtant d'Annexe à l'Hôpital de Dijon, qui devoit être conſiderable & fondé

B ij

long temps auparavant. On sçait que pour donner des Membres , des Annexes & des Dépendances, il faut que le Corps soit affermy par le temps, & peuplé de Chevaliers, qui se distribuent dans les mêmes Membres & dans les Maisons accessoires, qu'ils qualifient ordinairement de filles. Auroient-elles pris naissance avant celles qui se peuvent en quelque façon appeller leurs meres ?

Les Commanderies d'Auray en Bretagne & de Bezançon en Franche-Comté , furent fondées environ dans le mesme temps que celles de Dijon & de Marseille. Ces Commanderies en quatre Provinces differentes ; les Commanderies du saint Esprit sous le nom de saint Jacques ; toutes celles qui estoient titrées DE SPADA RUBEA, & une infinité d'autres Commanderies dont la fondation precede la Bulle de 1198. découvrent un Ordre entier avant Guido & ses Reguliers. Dans quelle main & sous quelle dépendance pouvoient estre toutes ces Commanderies de l'Ordre du saint Esprit, que du mesme General & du même Grand Maistre du même Ordre ?

Les Corps politiques ont leurs temps & leur âges, leur naissance, leur éclat, leur accroissement & leur caducité, à moins que de temps en temps on n'en répare les défauts ; qu'une application exacte & continuelle soutenuë de l'autorité n'en maintienne la discipline dans sa vigueur. L'Ordre du saint Esprit n'a pas esté exempt du malheur commun à tous les Ordres, & l'on peut ajoûter qu'il a trouvé dans luy-même les principes de sa décadence & de sa ruine.

L'étenduë de ce grand Ordre difperſé dans les parties les plus éloignées de l'Europe en diviſoit la force & en rendoit l'union plus difficile parmy des Nations differentes de genie, d'inclination & de mœurs. L'intelligence entre des Eſpagnols, qui veulent que le Commandement leur appartienne de droit naturel par le merite qu'ils ſe donnent ; des Allemans qui ſe croyent par tout en poſſeſſion de l'Empire ; des Anglois qui s'attribuent une liberté independante, même de leurs Souverains. L'intelligence entre ces Nations imperieuſes dans la dépendance d'un General, toûjours & neceſſairement ſous la domination du même Prince, n'étoit pas facile à entretenir.

On ne peut oppoſer en cet endroit l'exemple des Chevaliers de Malthe, qui ſe rendent pour ainſi dire dans un lieu neutre, & qui s'engagent ſans peine dans une dépendance reciproque d'un Grand Maître, que leur choix forme & qui eſt leur ouvrage ; ils ne font aucune difficulté d'obéïr ; leur obéïſſance leur donne de juſtes eſperances de commander.

La jalouſie des Princes Etrangers a eu quelque part au malheur de l'Ordre : Ils croyoient perdre des ſujets qu'un Grand Maiſtre pouvoit engager à ſuiure tous ſes mouvemens. D'ailleurs, la pieté a ſes degrez de chaleur & de violence ; toûjours vive & ardente dans ſes commencemens, elle ſe ralentit par la ſuite. Les Fondateurs ont des ſentimens & des tendreſſes de pere ; ils n'épargnent rien d'abord ; ils répandent leurs treſors ; ils déployent leur puiſſance ; ils prodiguent les Privileges, pour élever, pour étendre leurs Ordres, immortaliſer leurs noms & aſſeurer l'éternité à leurs ouvrages. Les premiers Successeurs pleins & animez du même esprit secondent & appuyent leurs desseins ; à mesure qu'ils s'éloignent des temps de la Fondation , ils changent de vûes, ils en prennent de nouvelles & croyent devoir de nouveaux projets à leur gloire.

En cet état , un Ordre demeure sans appuy , les Privileges , qui ne se souftiennent que par autorité, tombent & se perdent ; ceux qui les combattent & qui vont à remettre les choses dans le Droit Commun , trouvent la faveur qui y est attachée. Comme l'asseurance de joüir des Privileges n'est pas souvent inutile pour disposer à y prendre des engagemens, l'Ordre perit & manque de sujets ; les Seigneurs voisins des Hôpitaux s'accommodent impunément des heritages ; l'usurpation se fortifie par le temps, & en fait un titre. Au milieu de tout cela , quoy qu'un Hôpital soit dépoüillé d'une partie de ses biens ; il se trouve des gens officieux & charitables, qui sous pretexte de soulager les pauvres , & par un esprit d'interest masqué du zele de charité veulent bien donner leur temps & leur soins à ces bonnes œuvres, commencent d'abord à supprimer les titres qui reclament contre leur usurpation , lorsque par la suite ils se font rendus les maiftres, retranchent l'hospitalité , chaffent les pauvres & s'appliquent les revenus , gens doux & pacifiques , qui par la crainte d'être troublez dans leur injustice se dispensent d'y troubler les autres , & des mouvemens necessaires à faire revenir les biens usurpez.

La difference pour ne pas dire l'opposition natu-

relle des deux membres de ce Corps a extréme-
ment contribué à le détruire. Les Chevaliers repan-
dus dans le monde & dans le commerce, engagez
par leur ministere au service & dans l'épée, n'é-
toient pas dans des liaisons aussi étroites que les Reguliers, que l'observance d'une exacte discipline
réünit dans le même Cloistre, & anime du même
esprit. Ces corps immortels se perpetuent même
par la mort, qui est une semence de vie par le rem-
placement successif de leurs rejettons spirituels, & il
ne paroist pas extraordinaire que les Reguliers du
saint Esprit ayent subsisté dans la ruïne des Chevaliers du mesme Ordre.

Les Etrangers profitoient du débris des Chevaliers, chacun se saisissoit d'une Commanderie & de
quelque piece, comme les Reguliers se disoient les
enfans de la Maison, la preference leur paroissoit
naturelle & legitime ; c'estoit selon eux moins oster
le bien aux Chevaliers que le conserver à l'Ordre,
dont ils faisoient partie, & moins une usurpation
qu'un droit de succession. Ce sont-là les vraies causes de la ruïne des Chevaliers dans le cours & la
revolution de plusieurs Siecles, dont les Reguliers
ont sçû prendre & tirer tous leurs avantages par l'entremise de Guido, Commandeur de la Commanderie
generale de Montpellier, Instituteur de la pure regularité.

Ceux qui se meslent de nouveautez spirituelles,
qu'ils qualifient de Reforme, & qu'un grand zele
met en mouvement, ont ordinairement de l'esprit &
du sçavoir faire. Il en paroist dans la conduite & dans

les démarches de Guido, qui entreprit de changer la face de l'Ordre. La paſſion eſtoit ſi grande dans ces Siecles pour la Regularité, qu'en 1080. Godefroy Eveſque de Magdelone dont l'Evêché fut transferé à Montpellier, donna des fonds conſiderables & de gros revenus aux Chanoines par forme de reconnoiſſance pour la Regularité qu'ils avoient embraſſée.

Monſieur Catel dans ſon Hiſtoire de Languedoc l 4. pag. 659.

Guido ſe ſert du gouſt de ces Siecles ; il ménage ce temps favorable ; l'autorité qu'il avoit à Montpellier imprime d'abord l'eſprit de Regularité dans la Commanderie generale dont il étoit le Maître, & dans les Commanderies voiſines par l'effet du même credit, & par les liaiſons que forme le voiſinage ; il s'appuye encore du Commandeur de l'ancienne Commanderie de Marſeille. L'odeur de ſes bons exemples & de ſa ſainteté, qui ſe répandoit de toutes parts, attire le Commandeur de la Commanderie de Troyes, éloignée de prés de deux cens lieuës de Montpellier. Les apparences ne permettent pas de croire que dans le même temps qu'il conçût le deſſein de la Regularité, on ait fondé dans un ſi grand éloignement une Commanderie & un Hôpital de Reguliers à Troyes ; on a même beaucoup de peine à comprendre de quelle façon il fit entrer les Commandeurs & les Chevaliers dans ſes deſſeins, & le bon ſens veut que la Commanderie de Troyes ne fût pas moins fondée alors que la Commanderie de Marſeille, & les autres qu'il engagea dans ſes ſentimens.

De toutes les Commanderies qui portoient pour deviſe

devise DE SPADA RUBEA, Guido ne pût détacher que la seule Commanderie de Bragayrac en Guyenne, il luy osta d'abord, & eut raison de luy oster la devise DE SPADA RUBEA, qui auroit reclamé en faveur de la Milice, & en eut conservé les droits dans le même-temps que ses desseins, ses efforts, & ses précautions alloient à la détruire.

La Commanderie du saint Esprit de Rome appellée de sainte Marie en Saxe dependante en ce temps-là de la Commanderie generale de Montpellier, qui servoit autrefois de secours aux Chevaliers & aux Reguliers de toutes les Nations de l'Europe, & qui dans les temps des veuës de Guido pour l'Estat Regulier estoit composée d'un Chapitre considerable, d'un grand College, d'une Eglise Paroissiale, & Matrice, dont differentes Paroisses de Rome, saint Leonard, saint Laurent, sainte Marie du Palatin, sainte Marie du Jourdain, sainte Cecille, saint Sauveur *in Lauro* & plusieurs autres dependoient; cette Commanderie, qui par tous les endroits qu'on vient de marquer paroissoit fort disposée au même état, suivit le panchant de Rome, qui est tout entier pour les Reguliers. Le bon sens peut-il s'accorder avec la pensée de ceux qui veulent que la Commanderie de sainte Marie en Saxe, dans l'établissement formé de tous ces privileges, qui sont les ouvrages de plusieurs Siecles, ait esté fondée dans le temps des desseins de Guido, où elle joüissoit pleinement des mêmes avantages.

Cet Instituteur ordonne par un Article de la Regle, que ses Religieux seroient obligez à une demeure ſtable & perpetuelle dans les Hôpitaux. Il avoit ſes raiſons pour ce Statut qui ſemble extraordinaire ; les Chevaliers étoient dans les engagemens du Siecle, les mouvemens & les actions du dehors, faiſoient la meilleure partie de leur Miniſtere; il veut en faire des Reguliers, & les dégager d'une habitude attachée à leur état, dont il paroiſſoit difficile de les déprendre, il en forme un article de ſes Conſtitutions.

Ce ſage Inſtituteur, dont les Statuts étoient approuvez par l'Evêque Dioceſain, & qui ſuivant l'uſage pratiqué avant le Concile de Latran, n'avoit pas beſoin de Bulles, prévoit de ce coſté-là un grand obſtacle à la vie reguliere, par la difficulté de perdre le goût d'une ancienne condition & d'un premier état ; ſollicite Innocent III. d'affermir par le poids d'une Bulle, & par ſon autorité l'étroite obligation d'une demeure aſſiduë.

La Bulle de ce Pape de Decembre 1198. commence d'abord par en impoſer la neceſſité aux Freres. Il ſemble même, que pour adoucir la peine, que la contradiction perpetuelle & la reſiſtance opiniâtre, qui eſt à craindre d'une ancienne habitude d'agir & de ſe mêler dans le commerce du Siecle, la Bulle leur permette de recevoir & d'admettre des Seculiers dans l'interieur du Monaſtere, de converſer & de vivre avec eux : grace en quelque façon dangereuſe par l'eſprit du monde, que les Seculiers portent dans le cœur, qu'ils y conſervent, & qu'ils répandent inſenſiblement dans la converſation ; il accorde neanmoins ce Privilege aux nouveaux Reguliers, pour ne pas revolter des efprits accoûtumez au Siecle, & pour ménager leur foible par un judicieux temperament.

La même Bulle qui confirme par la fuite à Guido & à fes Reguliers les Hôpitaux dont ils eftoient en poffeffion, les énonce en particulier. La Commanderie generale de Montpellier, l'Hôpital de Marfeille, comme le plus confiderable & qui avoit le plus contribué à établir la Regularité; les Hôpitaux de Troyes & de fainte Marie en Saxe, tous Hôpitaux fondez avant Guido & la Bulle de 1198. On paffe fur cinq autres Hôpitaux qui y font énoncez, pour s'attacher à l'Hôpital de Bragayrac en Guyenne qu'elle énonce encore. Mais dénué de fon titre D E S P A D A R U B E A qui ne quadroit pas à une Bulle en faveur des Reguliers.

Comment peut-il entrer dans la penfée, que la qualité de Fondateur, dont le Pape qualifie Guido dans cette Bulle, puiffe fignifier qu'il eft le Fondateur originaire de l'Ordre, que la Bulle qui énonce des Maifons fondées auparavant, juftifie que l'Ordre n'a commencé que par luy, qu'elle prouve enfin qu'il n'eftoit pas Militaire par la Commanderie de Bragayrac, que Guido avoit engagée dans la Regularité, que fa veritable dénomination D E S P A D A R U B E A affectoit à la Milice & qu'il avoit dépoüillée de fon vray titre, qui refiftoit à fes deffeins.

Ne paroift-il pas qu'Innocent I I I. favorife du titre de Fondateur le Frere Guido, qui avoit jetté les premiers fondemens de la Regularité dans la Commanderie generale de Montpellier , infpiré le même efprit dans quelques Maifons du même Ordre , & promettoit d'achever ce grand Ouvrage par la fuite des temps , la protection de Rome , l'édification d'une vie Reguliere , & l'autorité des exemples.

Le mot de Fondateur eft extrêmement équivoque, & reçoit des fignifications fort differentes , quand on a quelque connoiffance de l'Hiftoire & des Livres, on fe défend de le prendre à la rigueur & dans une étroite fignification. Lors qu'un Ordre a choifi dans fa Fondation quelque Saint pour Patron & pour Protecteur , on ne manque jamais de le traiter de Fondateur dans les Siecles éloignez ; de pretendre par ces addreffes , qui ne font pas tout à fait innocentes , faire voir que l'Ordre eft ancien ; de mandier du refpect & de la veneration par l'antiquité. Il arrive quelquefois qu'une action recommandable & diftinguée d'un Saint de réputation contribuë à fonder un Ordre ; les uns le traitent auffi-toft de Fondateur , les autres difent qu'il a tiré fon origine du même Saint, dont l'exemple a fervi de modele à le former , & fans lequel il n'eût jamais pris naiffance.

Il n'eft rien de plus commun , que de confondre le Fondateur originaire avec celuy qui enrichit, & qui dote de nouveau , ou un Ordre , ou une Eglife. Peut-on refufer des titres , & des paroles pour des réalitez & de l'effectif. On ne répand de l'or que pour de l'encens : Ces perfonnes fi charitables , qui affectent de laiffer des monumens publics de leur pieté , veulent des titres & des noms , & ne s'embaraſſent gueres de riſquer du moins auprés de Dieu le merite des actions , dont ils cherchent la recompenſe auprés des hommes.

Gaſton I I. Seigneur de Bearn eſt qualifié par tous les Hiſtoriens le Fondateur de l'Egliſe de Sainte Chriſtine de Somport , qu'il avoit enrichie vers le douziéme Siecle. Blanca prouve neanmoins que l'épreuve du fer chaud ſe faiſoit en la même Egliſe dans ces temps où l'innocence ne ſe juſtifioit que par des miracles , & s'aſſeuroit d'une protection extraordinaire du Ciel, qui ſe dégageoit quelquefois des obligations, que la ſeule ſuperſtition luy avoit impoſées. On voit un titre de douze cent quatre dans lequel Alix de Bourgonne qui avoit fait de grandes largeſſes à l'Hôpital de Dijon eſt traittée de fondatrice du même Hôpital , dont Fouvent eſtoit un membre & une fille beaucoup d'années auparavant. Le Pape Innocent I I I. dans ſa Bulle de 1198. parle de la Commanderie du Saint Eſprit de Rome d'une maniere à faire connoître qu'il n'en eſtoit pas le Fondateur , il en augmente les revenus & les baſtimens , il s'en donne le titre & la qualité par une Bulle ſuivante.

Monſieur de Marca dans ſon Hiſtoire de Bearn.

On a refuſé tous les exemples qui ſont éloignez du douziéme Siecle ; on ne choiſit que ceux qui approchent de Guido , à qui on veut les appliquer , & l'exemple d'Innocent I I I. eſt tiré des Bulles que ce Pape luy addreſſe : mais pour en apporter qui quadrent preciſement à la Bulle de 1198. & faire voir que l'Inſtituteur d'une eſpece de reforme , & de quelque nouveauté ſe traite de Fondateur , il ne faut que lire les Bulles & les Livres de l'Ordre de Cisteaux qui dans le Siecle de Guido en donnent la qualité à saint Bernard, quoy que l'Abbé Robert soit le veritable Fondateur de leur Ordre.

Il est aisé de prevoir que le dessein des Reguliers ne reüssit pas également dans toutes les Commanderies de l'Ordre, que le temps & une longue perseverance acheverent de les établir dans une grande partie des Hôpitaux ; ils avançoient adroitement leurs Ouvrages, & leur établissement, que les Chevaliers traitent d'usurpation se faisoit pied à pied; de 1198. où ils avoient dix Commanderies, à 1295. le nombre en augmenta de plus des deux tiers, qui sont énoncées dans les Bulles de Nicolas I V. & de Boniface V I I I.

Il n'est pas inutile d'observer que la Bulle de Nicolas I V. comprend parmy les Hôpitaux du Saint Esprit, un Hôpital qui fut autrefois aux Religieux de saint Benoist, qu'elle marque précisement qu'il a esté transferé de cet Ordre à celuy du Saint Esprit par une Bulle particuliere d'Alexandre son Predecesseur, qu'elle fait connoistre par ce seul endroit que toutes les Maisons énoncées dans les Bulles du Saint Esprit appartiennent originairement au même Ordre, & que quand elles sont d'un Ordre different, dont elles ont passé à l'Ordre du Saint Esprit, on ne manque pas de le designer en termes exprés dans les mêmes Bulles.

Il ne se trouve dans les Bulles de Nicolas I V. & de Boniface V I I I. aucune des Commanderies D E S P A D A R U B E A. Depuis que Guido eut détaché du party des Chevaliers la Commanderie de Bragairac, les autres s'eſtoient maintenuës dans leur premiere condition, la ſeule denomination DE SPADA RUBEA garentiſſoit ces Commanderies des efforts des Reguliers & leur en défendoit l'entrée, il falloit laiſſer faire au temps & attendre le ſuccez de la perſeverance.

La Regularité s'étoit fort étenduë & fort augementée ſous le Pontificat de Gregoire XI. qui conformement à la Bulle d'Honoré III. de 1217. désunit & ſepara la Commanderie de ſainte Marie en Saxe, les Commanderies d'Italie, de Sicile, d'Hongrie, & d'Angleterre du Generalat & des Commanderies de la dépendance de Montpellier par une Bulle expreſſe de 1372. où il ſpecifie & deſigne les Commanderies de France, par les noms qui leur eſtoient propres & affectez. Cette Bulle importante, que les Reguliers avoient obtenuë, & ſur laquelle on ne peut faire trop de reflexion, énonce plus de cent Commanderies, & donne à connoître qu'il y en avoit beaucoup d'autres.

Guido n'avoit engagé dans la Regularité que dix Commanderies en 1198. & du temps de ſa Bulle juſqu'en 1291. & 1295. aux Bulles de Nicolas IV. & de Boniface VIII. le nombre eſtoit augmenté de vingt Hôpitaux ; ſur ce pied-là, il eſt de neceſſité abſoluë, ou que les autres Commanderies énoncées dans la Bulle de Gregoire XI. dont le nombre eſt prodigieux ayent eſté fondées en ſoixante & ſept années depuis 1295. juſqu'à la Bulle de Gregoire XI. choſe preſque impoſſible & qui choque les apparences, ou que la Fondation originaire en ait esté faite pour les Chevaliers & pour la Milice avant Guido, & l'état Regulier.

Ce raisonnement est d'autant plus juste que dans le nombre des Commanderies énoncées par la Bulle de Gregoire XI. il s'en trouve qui sont incontestablement fondées avant Guido, & la Regularité, à force de soins & de perseverance, les Reguliers eurent l'avantage de s'emparer de quatre Commanderies DE SPADA RUBEA, DE MANCIET, D'ORION, D'ANDAYE, DE BESSAUT, la Bulle les designe de la sorte, & leur donne la même qualité *Præceptoria de Mancieto olim dicta de Spadâ Rubeâ*. A-t-on fondé ces Commanderies pour des Reguliers, & pendant la Regularité sous une dénomination toute Militaire, & qui ne peut jamais convenir qu'à la Milice ? Cette épée flamboyante, le secours des Pelerins, la terreur de l'injustice, des Tyrans, des Heretiques & des Infidelles, le symbole de la Guerre, de la Milice, des Chevaliers qui la portoient à leur côté même dans les Chapitres; cette épée qui semble jetter des étincelles de feu & de flamme, & lancer des menaces de toutes parts, SPADA RUBEA convient-elle à des Reguliers revêtus de discipline, reserrés dans un Cloître, dans l'exacte observance du silence, & des vertus les plus tranquilles du Christianisme, encore une fois cette épée convient-elle mieux à ces Reguliers qu'à des Chevaliers, qu'à la Milice, qu'à la Guerre, qu'à des Commanderies d'épée ?

Si

Si ces Commanderies étoient situées en Livonie, il pourroit naître quelque contestation entre les Chevaliers du Saint Esprit, & les Chevaliers de l'Ordre qu'ils appelloient GLADIFERUM, & qui portoient dans leurs Armes *Binos gladios in formâ Crucis decussatim positæ rubescentes.* Le differend roule entre des Chevaliers & des Reguliers, qui veulent que la Regularité soit désignée par la Milice, & les exercices de la vie Monastique par le symbole de la Guerre, & des exercices Militaires.

La Bulle ajoûte qu'elles étoient appellées DE SPADA RUBEA, *Olim, dans le temps jadis,* & que c'étoit leur ancienne & leur premiere dénomination ; c'est pour cela que quand ils se rendirent les Maîtres des mêmes Commanderies, ils ne manquerent pas de leur ôter le nom de leur origine. De quelle façon les auroit-on fondées pour des Reguliers sous une dénomination qu'ils détruisent d'abord, & qui leur paroît contraire à leur institution ; comme la Bulle employe des expressions, qui font voir ce qu'elles étoient autrefois, on trouve leur origine dans leur changement.

Les Reguliers n'avoient possedé jusques-là aucune de ces quatre Commanderies ; on n'en voit pas une seule dans les Bulles qui precedent ; pouvoient-ils établir ou admettre les Chevaliers dans des Commanderies où ils étoient sans pouvoir ?

La Bulle de 1198. obtenuë sur les sollicitations de Guïdo, qui avoit attiré dans ses desseins la Commanderie de Bragayrac en Guyenne, luy refuse son ancien nom DE SPADA RUBEA, qui ne s'ac-

D

commodoit pasà la qualité de Fondateur d'un Ordre Regulier ; en 1372. que les Reguliers se persuadent n'avoir rien à craindre des Chevaliers dépoüillez presque de toutes les Commanderies , ils negligent des précautions qu'ils croyent inutiles , & parlent de Bragayrac de la même façon que des quatre autres Commanderies , *Præceptoriam cum Hospitali de Bragayrac , olim dictam de Spadâ Rubeâ.*

Pourquoy ces cinq Commanderies ·de differens endroits avoient-elles toutes le même titre DE SPADA RUBEA , que parce qu'il paroist leur convenir à toutes ? Ce même titre convenoit - il également à toutes que par une raison commune qui marquoit la Milice & le ministere commun des Chevaliers de toutes ces Commanderies ? Pourquoy avoient-elles toutes perduës leur ancienne dénomination au temps de la Bulle de Gregoire XI. & d'où vient ce changement que parce qu'elles ont changé de main, qu'elles étoient alors dans la disposition des Religieux , & que le même titre ne convenoit plus à aucune ?

La même Bulle qui découvre la même dénomination DE SPADA RUBEA de ces cinq Commanderies , employe sur toutes les mêmes termes *Olim dictam* , pour montrer qu'elle est également ancienne & du temps de leur fondation.

Ces mots de la Bulle de Gregoire XI. de 1372. *Olim dictam* DE SPADA RUBEA , trouvent une application particuliere sur la Commanderie de Bragayrac. On ne peut pas pretendre qu'ils se rapportent au temps qui s'est écoulé depuis 1295. jusques en 1372.

que la Bulle signifie que la Commanderie s'appelloit alors DE SPADA RUBEA, & que dans l'espace de ces soixante & sept années on ait entendu designer par *Olim*, cet intervalle, qui ne forme pas un terme assez long pour remplir un temps immemorial, & la signification du mot *Olim dictam*, qui passe la memoire des hommes.

Par la Bulle de Nicolas IV. de 1291. & par celle de Boniface VIII. de 1295. la même Commanderie est simplement qualifiée *Domus cum Hospitali de Bragayraco*. Sur ce pied-là il est constant que ces mots *Olim* DE SPADA RUBEA n'ont point de rapport au temps de ces deux Bulles.

Par la Bulle d'Innocent III. de 1198. on ne luy donne point, & Guido qui reduit cette Commanderie sous l'état Regulier, se défend de luy donner le titre DE SPADA RUBEA : A-t-on commencé à la designer par le même titre pendant les cent années qu'elle a continué d'estre en la possession des Reguliers, & le temps écoulé depuis la Bulle de 1198. qui luy ôte la dénomination DE SPADA RUBEA jusques à la Bulle de Nicolas IV. de 1291. & à la Bulle de Boniface VIII. de 1295. où elle reste dénuée de la même qualité, cette pensée choque le bon sens. A quel temps peut-on dire que cet OLIM se doit rapporter ? A quel autre temps qu'à celuy qui precede la Bulle de 1198. qui est avant Guido & ses Reguliers, lors qu'elle étoit aux Chevaliers & Militaire ?

Les Commanderies de Bragayrac, d'Orion, de Manciette, de Bessaut & d'Andaye n'estoient pas les seules titrées de la sorte, & l'on fera voir qu'il y en

avoit en divers endroits, de la même dénomination pour animer par tout les Chevaliers, & pour
reveiller les sentimens de leur devoir & de leur
Institution.

La dénomination des Commanderies DE SPADA
RUBEA quadre au titre *de milites armati* qu'on
leur donnoit dans les Chapitres, à l'état où ils
estoient obligez d'y paroître & à leur équipage
dans les actions même de déliberation & de re-
pos.

Les premieres Bulles émanées pour la regularité
ne parloient que de Maisons & d'Hôpitaux *Domos,
Hospitalia.* On évitoit le mot de Commanderie, qui
tenoit du commandement Militaire, & ne revenoit
pas aux Reguliers; quand ils se virent en possession
de la plus grande partie des Commanderies, & selon eux en seureté contre le rétablissement des Chevaliers, ils ne balancerent plus à prendre le titre de
Commandeurs, à donner le veritable nom aux Commanderies, à se servir du moins indifferemment des
mots de Commanderie, de Maison, & d'Hôpital.

Il faut convenir de bonne foy, que les Maisons
énoncées dans la Bulle de Gregoire XI. se trouvoient
presque toutes dans leur dépendance & dans leur
disposition. Il restoit neanmoins des Chevaliers dans
quelques Commanderies, leur nombre étoit quelquefois égal à celuy des Reguliers, & ils paroissoient
encore les maîtres dans la Commanderie d'Auray,
sur laquelle les Reguliers avoient jetté leurs veuës &
pris des mesures si justes qu'elle ne pût leur écha-
per dans la suite.

On ne voit dans une tranſaction qui concerne la Commanderie d'Aubrac de 1310. que deux Chevaliers mélez & confondus parmi des Reguliers ; ils eſtoient en meilleure ſituation & ne ſe trouvoient pas accablez par le nombre dans la Commanderie de Beſançon, où le partage égal tenoit les choſes dans une eſpece de balance, & la Milice ſubſiſtoit encore toute entiere dans la Commanderie d'Auray. On trouve cette verité dans la Conceſſion du droit de foire par Jean Duc de Bretagne au Commandeur Meſſire Yvon du Val & aux Chevaliers de la même Commanderie. Il eſt impoſſible de produire un titre plus précis & plus déciſif, chaque mot porte, il n'y en a pas un ſeul qui ne faſſe ſon effet pour la Milice, la Commanderie eſt du Saint Eſprit, gouvernée par Meſ-ſire Yvon du Val, que le titre qualifie Commandeur, & remplie de Chevaliers, le droit s'accorde & pour les Chevaliers & pour leurs Succeſſeurs, on ne peut ſoupçoner la forme du titre, & la forme en garentit la foy.

Ces trois Commanderies où les Chevaliers ont commandé en trois differentes Provinces, à Auray en Bretagne, à Aubrac en Rovergue, & à Bezançon en Franche-Comté laiſſent-elles quelque doute ſur la Milice, & peut-il tomber dans l'imagination que ces Commanderies Militaires ayent eſté fondées par des Reguliers, ou dans le temps que la Regularité, primoit & qu'elle avoit la protection de Rome, qui étoit néceſſaire ~~alors~~ pour la fondation d'un Ordre depuis le Concile de Latran.

Dans ces Siecles où les Reguliers conſpiroient à

la ruine des Chevaliers , qu'ils ménageoient toutes les occasions pour éteindre la Milice , & pour en abolir la memoire. Loüis d'Anjou Comte de Provence, Roy de Sicile & de Jerusalem s'appliquoit à la rétablir dans ses Royaumes. Paul II. eut les mêmes veuës & les mêmes sentimens. On peut asseurer qu'il avoit un extreme panchant pour la Milice; le terme de rétablissement des Chevaliers dans Rome où la Regularité sembloit estre dans son centre, eut fait peine aux Reguliers, qui s'appuyoient sur la possession d'un état affermi par les Bulles de ses Predecesseurs, il laisse le nom , il execute la chose, il vient à son but & à son dessein, sous pretexte d'une creation de Chevaliers qui fit le même effet , il rétablit jusques dans Rome & dans toute l'Italie les Chevaliers & la Milice.

Elle tomba presque en décadance au commencement du quinziéme Siecle. Pour comble de disgraces, les Huguenots se saisissent en 1561. de la ville de Montpellier, la saccagent, la mettent à feu & à sang, exercent par préferance leur fureur sur les Eglises & les édifices publics.

Quelque precaution que les Reguliers eussent apporté dans le cours de trois Siecles à effacer partout & principalement à Montpellier les vestiges de l'Ordre Militaire & des grands Maîtres Seculiers , il est difficile de croire qu'il ne fut resté aucune trace des Grands Maîtres & de la Commanderie generale dans les Archives de la ville de Montpellier, interessée à conserver des monumens de sa gloire & du commandement general que les Commandeurs exerçoient fur des Sujets de tous les Potentats de l'Europe , l'incendie univerſelle n'a pas épargné, la haine des Huguenots, n'a pas menagé ces titres , choſe étrange , le plus fameux de leurs Ecrivains ne fait aucune mention de Commanderie generale de Montpellier , il parle ſeulement de l'Hôpital , d'une façon incertaine , & ſans y attacher la moindre diſtinction.

Au milieu de tant de malheurs , un rayon d'eſperance commença de luire ſur l'Ordre , & ſembloit luy annoncer ſon rétabliſſement. Henry III. s'eſtant déterminé d'inſtituer un Ordre particulier du Saint Eſprit, & de le conferer à un certain nombre de perſonnes qualifiées , & des plus Illuſtres familles de ſon Royaume , crut que pour l'affermir par des fondemens ſolides , il falloit l'appuyer ſur l'ancien Ordre Hôpitalier du Saint Eſprit.

Dans ce deſſein, pour donner plus de relief & plus d'autorité à l'Ordre Hoſpitalier , aprés avoir fait rechercher exactement , & découvert les preuves de ſon origine & de ſon antiquité, de concert , & avec la participation de Rome , il s'en declare luy-même le Chef, & le General. Lors qu'il eut reglé les Statuts de l'Ordre de ſon Inſtitution , & avant que d'en faire la premiere ceremonie , pour s'y preparer, en rétabliſſant l'Ordre du ſaint Eſprit , ſur lequel il fondoit la ſolidité du nouvel Ordre , il fait un ſerment ſolemnel & une proteſtation autentique ſur les ſaints Evangiles, & ſur ce qu'il y a de plus adorable & de plus ſacré dans l'Egliſe , DE LE MAINTENIR DE TOUTES SES FORCES , ET DE TOUTE SA

PUISSANCE, il s'engage à l'execution des Statuts, il en forme de nouveaux pour le rang des Chevaliers, pour leurs habits en paix & en guerre, il ajoûte encore sur differens sujets de nouvelles regles aux anciennes.

Le désordre des guerres Civiles qui mit en combustion toute la France, empescha les bonnes intentions de ce Prince, & contribua même à la ruïne des Reguliers. Ils s'étoient emparez des Commanderies, on s'empare dés leurs, les Huguenots s'en faisoient un merite, les Catholiques n'en firent aucun scrupule; on ne peut dissimuler qu'ils s'estoient attirez leurs disgraces, l'hospitalité bannie, les pauvres chassez des Hôpitaux, les plaisirs en commerce, & entretenus du patrimoine des pauvres, ne prestoient que trop d'excuses aux usurpateurs, l'usurpation devenoit en quelque façon legitime par le dereglement de leur conduite & leur libertinage autorisoit l'injustice.

L'Ordre aneanti & dans un état qu'il eut esté difficile d'en trouver quelques vestiges que dans ses débris & dans ses ruïnes, le Ciel suscite pour le tirer du neant où il paroissoit ensevely, un particulier engagé dans le Siecle & dans le commerce du monde. Le Sieur de la Terrade Grand Maître de l'Ordre commence d'abord son entreprise par le succez à faire revenir quinze Commanderies, à les arracher à la violence des Religionnaires; soûtenu par des commencemens si heureux, par la protection du Roy, & par la recommandation de la Reyne Catherine de Medicis auprés du saint Siege, il eut l'avantage d'obtenir d'Urbain

bain VIII. deux Bulles également justes & favorables.

provisions ne paroissent point. Il ne se trouvera pas qu'il ait fait profession. Il est toûjours resté dans le Siecle & les Bulles d'Urbain VIII. ont rétabli les choses dans le premier état de l'Institution.

La premiere du mois d'Avril 1625. accorde au Sieur de la Terrade Grand Maître de l'Ordre, & Commandeur de la Commanderie generale du Saint Esprit de Montpellier de la même Ville, de pourvoir & nommer selon la forme prescrite par le Concile de Trente telle personne qu'il luy plaira à toutes les Commanderies de l'Europe, à la reserve de celles d'Italie, de Sicile, d'Hongrie & d'Angleterre.

Cette Bulle qualifie le Sieur de la Terrade, qui étoit Seculier, Grand Maître de l'Ordre. Si nous exceptons le privilege de Messieurs les Cardinaux, il est inoüy jusqu'à present, qu'un homme, qui est dans les engagemens du monde, ait esté Grand Maître, General & le Chef d'un Ordre purement Regulier. Dés que le Pape donne au Sieur de la Terrade la qualité de General de l'Ordre de Montpellier, il justifie en même temps, que la pure Regularité ne peut être de son Institution.

Par la même Bulle, le choix des Commanderies dépend de la seule volonté du *General, & il en dispose à son gré, pourveu qu'il suive la forme prescrite par le Concile de Trente*, qu'il nomme des Reguliers aux Commanderies Regulieres & des Seculiers aux Seculieres. Peut-on mieux justifier que l'Ordre du Saint Esprit est mixte, composé de Seculiers, à qui les Commanderies Seculieres sont reservées, & de Reguliers, parmy lesquels le Grand Maître est

E

obligé de choisir des Commandeurs pour les Commanderies Regulieres.

La seconde Bulle d'Urbain VIII. du mois de May de la même année 1625. *confirme les Privileges que Gregoire X I. avoit accordez par sa Bulle de 1372. à moins qu'ils ne soient ou revoquez par un usage legitime, ou contraires aux saints Decrets du Concile de Trente ;* il reprend mot à mot les termes de la Bulle de son Predecesseur & les Commanderies qu'elle énonce : il la rapporte toute entiere.

Les ennemis de l'Ordre ayant fait courir le bruit, que ces Bulles estoient fausses, sur les plaintes du Sieur de la Terrade, le même Pape en ordonne la publication à son de Trompe dans toute la Ville de Rome, & des Affiches dans les Places publiques ; il commet le Cardinal Aldobrandin pour entendre ceux qui se persuadoient avoir quelques raisons à proposer contre les mêmes Bulles. La verité en étant établie par le silence universel des Reguliers de Rome & de toute l'Italie, le Cardinal en dresse un procez verbal, sur lequel le Pape donne le 27. Juin 1629. une nouvelle Bulle en confirmation des premieres.

Presque dans le même temps, le Sieur de la Terrade eut l'honneur de dedier à la Reine un livre intitulé *Discours de l'Ordre Milice & Religion du saint Esprit, dedié à la Reyne Mere restauratrice dudit Ordre, contenant une brieve description de l'établissement dudit Ordre par Messire Olivier de la Terrade General & Grand Maître de l'Ordre, Milice & Religion du Saint Esprit : Par le commandement du Roy,* de quel front auroit-il hazardé ces derniers mots *Par le comman-*

dement du Roy, on ne commet pas le nom des Souverains, on ne suppose pas impunement leurs Ordres.

Ces Bulles enregistrées au Grand Conseil le quatorze Aoust 1628. sans aucune opposition, & aprés une exacte discussion de prés de deux années par des Magistrats éclairez, ont esté suivies d'une entiere execution, de creations de Chevaliers, de provisions de Commanderies, de differentes prises de possessions, d'assemblées generales, d'un nombre infini d'Arrests sur Requeste & contradictoires, les uns contre les detenteurs des titres, les autres contre les usurpateurs des Commanderies, & même de Lettres patentes où elles estoient necessaires. Dans ces creations de Chevaliers, provisions, assemblées, Arrests, & Lettres patentes, *le Sieur de la Terrade est toûjours qualifié Grand Maître de l'Ordre, Milice & Religion du Saint Esprit de Montpellier, & l'Ordre universellement reconnu pour Regulier & Militaire.*

La seconde Bulle d'Urbain VIII. désunit l'Hôpital du Saint Esprit de sainte Marie en Saxe de la Commanderie generale de Montpellier, & laisse ces deux Commanderies independantes l'une de l'autre; Le Frere Saulnier Profez de l'Hôpital de sainte Marie en Saxe, passe sur le respect qu'il devoit à la Bulle, *ueut* d'assujetir la Commanderie de Montpellier, & en faire un membre de celle de Rome. Gaultier Commandeur Regulier entreprend la défense du General de Montpellier, comme le Frere Saulnier, soit pour donner quelque essor à son genie en le faisant sortir des bornes étroites de son sujet, soit par le seul plaisir d'agiter une

E ij

queſtion qui ne luy paroiſſoit pas tout à fait étran-gere, ſe donna la liberté de traitter de ridicule la Chevalerie & la Milice du Saint Eſprit de Mont-pellier. Gaultier apporte cette réponſe *qu'il appren-ne que ce n'eſt pas une fable ? Pour la verifier il y a aſſez de quoy dans les archives de nôtre Maiſon du Saint Eſprit de Beſançon. J'ay veu des Actes Capitulaires fort anciens authentiques & ſans ſoupçon, où aprés les Commandeurs Preſtres, les Chevaliers ſont en leur rang avec cet éloge* MILITES ARMATI. *J'aurois encore beaucoup de choſes à dire là-deſſus, puiſées dans les Bulles des Papes & les Fondations de nos Hôpitaux* DE SPADA RUBEA &c. *Dans un autre endroit, mais pour la Milice, j'en crois plûtôt nos anciens Freres, qui ont ſigné en qualité de* MILITES ARMATI, *il y a plus de deux cens ans, dans pluſieurs Actes Capitulaires, qui ſont dans le Treſor de noſtre fameux Hôpital de Be-ſançon, que non pas ce jeune Profez, qui n'eſt pas de ces gens qui ſçavent tout, & qui a ſi mal aux yeux qu'il a pris des épées pour des quenoüilles.*

Le Commandeur n'étoit pas moins engagé dans la Regle que Saulnier; ſes intereſts étoient aſſurement, plus étendus, & plus ſenſibles que les vûës d'un jeune Profés, & la verité ſeule peut avoir arraché des preu-ves contre luy-même & contre la pure Regularité.

Il parle d'un air d'autorité, en homme aſſuré, prêt à confondre Saulnier par des pieces que cet adver-ſaire ne peut deſavoüer. *Qu'il apprenne que pour la verifier il y a aſſez de quoy dans les Archives de nôtre Maiſon du ſaint Eſprit de Bezançon. J'ay vû des Actes Capitulaires fort anciens, autentiques & ſans ſoupçon.*

Il marque un grand nombre d'Actes Capitulaires, leur antiquité, leur forme autentique & d'une qualité à écarter tous les soupçons ; le rang des Chevaliers dans les Chapitres, leur distinction, qu'il appelle des Eloges MILITES ARMATI, qu'ils y paroissoient armez, & que Saulnier étoit si aveuglé par une injuste prevention, qu'il avoit pris leurs épées pour des quenoüilles.

Ce Commandeur a recours au Tresor de la Commanderie de Bezançon. *Il assure avoir vû* dans ces Archives, & qu'il s'y trouve encore de ces Actes Capitulaires. Il ne parle point des Commanderies de France, les Incendies, les Huguenots, les Guerres, ne laissoient aucune esperance d'en attendre les mêmes preuves, & d'y trouver les mêmes chapitres que dans cette Commanderie de la Capitale de Franche-Comté alors sous la domination d'Espagne, & dont la conqueste étoit reservée à sa Majesté.

Selon ce Commandeur, & dans les regles du bon sens, *la Milice* établie dans la Commanderie de Besançon de l'Ordre du saint Esprit de Montpellier, fait une preuve achevée de l'établissement de la Milice dans le même Ordre. Les Chevaliers de cette Commanderie MILITES ARMATI font voir des Chevaliers dans toutes les autres Commanderies, leur rang & leur equipage dans les Chapitres de Besançon, découvrent le même rang & le même Equipage des Chevaliers dans toutes les Assemblées Capitulaires de l'Ordre du Saint Esprit.

~~Incontestable~~ Gaultier qui par ces Chapitres de Besançon, qui luy étoient presens & sous la main, four-

nit des preuves demonſtratives de la Milice dans toutes les Commanderies de l'Ordre , dont la condition
étoit égale , les appuye encore par les fondations des
Commanderies DE SPADA RUBEA. *J'aurois*,dit-il,
*encore beaucoup de choſes à dire là-deſſus priſes dans
les Fondations de quelques-uns de nos Hôpitaux appellez*
DE SPADA RUBEA. La dénomination DE SPADA
RUBEA emporte d'elle - même des Commanderies
Militaires. Ce ſens eſt ſi juſte & ſi neceſſaire que le
Commandeur Regulier en forme une preuve infaillible de la Milice de l'Ordre. Il aſſure encore qu'on
leur a donné ce titre dans leur origine, & qu'elles ſont
Militaires de Fondation. Aprés cela dira-t'on que le
ſens du Sieur Abbé de Luxembourg ſur ces termes de
la Bulle de Gregoire XI. *Præceptoriam olim dictam* D E
S P A D A R U B E A ne ſoit pas legitime ?

Pour ne laiſſer aucun doute & réduire Saulnier
au ſilence , il ajoûte aux dénominations D E S P A D A
R U B E A & aux Aſſemblées Capitulaires de Bezançon, dont Granvoynet eſt Profés , les Bulles des
Souverains Pontifes ; *J'aurois beaucoup de choſes à
dire là-deſſus puiſées dans les Bulles des Papes.* Il eſt
certain que par les Bulles de Milice dont il parle , il
ne peut entendre les Bulles données pour les Reguliers ; qu'il parle de Bulles accordées en faveur de
la Milice ; qu'on les a détournées, & qu'on ne peut
les avoir ſouſtraites à l'Ordre que pour luy dérober
des veritez avantageuſes.

Sur toutes les preuves de l'ancien Commandeur,
le jeune Profez demeure ſans replique , il apprend
à ſe taire. La Milice ſe trouve établie par la ſolidité

des difcours de Gaultier, & par le filence de Saulnier qui en reconnoît la force.

Le fieur de la Terrade étant decedé dans l'intervale des contestations de ces Auteurs Reguliers fi heureufement terminées pour la Milice ; le Sieur des Efcures paffâ quelques temps *pour Grand Maître de l'Ordre.* On voit des créations d'Officiers & de Chevaliers de l'Ordre, des Affemblées Capitulaires, un Chapitre general dans l'Ifle de Jourdain, des provifions de Commanderies, des prifes de poffeffions, & une infinité d'Actes où le Sieur des Efcures eft toûjours qualifié *Grand Maiftre & General de l'Ordre, Milice & Religion du faint Efprit.* Le Roy ne fut pas contant de fon procedé, il donna le Brevet *de Grand Maître General de l'Ordre, Milice & Religion du Saint Efprit* à Monfieur de Bazoche Evêque de Cezarée ; on voit encore fous Monfieur de Cezarée de nouvelles provifions de Chevaliers & d'Officiers, de nouvelles Affemblées, des nominations à quelques Commanderies, des Lettres de cachet, des prifes de poffeffion fouftenuës d'Arrefts contradictoires du Grand Confeil contre quelques Reguliers qui refufoient d'obeïr, on voit la foûmiffion de tous les autres, & la convocation d'un Chapitre general ordonnée par Arreft du 27. Avril 1671. fous l'autorité de Monfieur de Cezarée *Grand Maître de l'Ordre, Milice & Religion du Saint Efprit.*

Dans le mois de May de la même année, fa Majefté donne un Edit qui confirme tous les Privileges de l'Ordre, & dont il importe d'expofer quelques termes. A CES CAUSES, *Et pour encore témoigner*

On rendra compte de ce detail par un memoire particulier.

davantage l'eftime que nous faifons dudit Ordre, & le favorifer de nos graces & de nôtre protecti n, ainfi que les Roys nos Predeceffeurs. Sçavoir faifons, *qu'aprés avoir fait voir à noftredit Confeil*, Nous y étant, *ladite Bulle, copie d'un Chapitre General dudit Ordre tenu en nôtre Ville de Montpellier l'an 1032. par les Religieux, Commandeurs & Chevaliers & autres Officiers dudit Ordre, &c. Ce faifant que ledit Sieur Evêque de Cezarée foit reconnu & obeï conformément à ladite Bulle & aufdits Arrefts de noftredit Grand Confeil, de tous les Religieux & Religieufes, Chevaliers, Commandeurs, Officiers & autres perfonnes dudit Ordre du Saint Efprit, & en conféquence avons approuvé & approuvons qu'ils s'affemblent & tiennent le Chapitre General dudit Ordre en tel temps & lieu qu'ils jugeront pour le mieux, & qu'il y prefide, ainfi qu'à tous autres, &c.* La mort de Monfieur de Cezarée étant furvenuë en Septembre de la même année 1671. Le Sieur Deigleville Procureur General *de l'Ordre & Milice du Saint Efprit* continua fes pourfuites, obtint divers Arrefts contre les Ufurpateurs.

Les Chevaliers, les Commandeurs, les Officiers fe flattoient de grandes efperances, lors qu'un coup de foudre écrafa l'Ordre tout entier, & qu'il parut en Decembre 1672. un Edit pour aneantir les Ordres Militaires en faveur de l'Ordre de Saint Lazare ; on parle en tous les endroits de cet Edit de l'Ordre du Saint Efprit comme du plus confiderable de tous les Ordres Militaires, on le met à la tête, il conferve encore fa nature & fes qualitez dans la fuppreffion & l'aneantiffement même.

Le

Les Sieurs de faint Lazare formerent de grandes plaintes contre les Officiers, qui continuoient à tenir leurs affemblées, & à faire des Chevaliers avec la même liberté. On donna divers Arrêts de défenfes, qui établiffent le droit & le pouvoir des Officiers avant l'Edit, & en Septembre 1672. on rendit un Arrêt, qui demande une attention particuliere. Il ordonne *que les papiers, que les Sieurs de Saint Lazare difent avoir efté confiez à Monfieur de Cezarée, leur feroient remis, à cet effet qu'il feroit procedé à la levée des fcelez appofez en la maifon de Monfieur de Cezarée par le Commiffaire Guynet.* En execution de cet Arrêt on y procede le quatriéme Fevrier 1673. *Le fieur Colin de Leffac, qualifié Vicaire General de l Ordre & Milice des Hofpitaliers du Saint Efprit y comparoit, & declare ne pouvoir empefcher l'execution de l'Arrêt du Confeil & la délivrance des papiers, qui fe trouveroient appartenir aufdits Ordres de Montcarmel & de faint Lazare de Jerufalem, à la charge que ceux, qui fe trouveroient appartenans audit Ordre, Milice & dépendance du Saint Efprit luy feroient délivrez comme à eux.*

Le Commiffaire leve le fcellé, fait la defcription de quelques pieces de l'Ordre de Saint Lazare, les parties verbalifent de part & d'autre. Le troifiéme May de la même année le fieur Merault Chancelier de l'Ordre de Saint Lazare paroît au fcellé, où il prefente cette Lettre de cachet.

DE PAR LE ROY.

CHER & bien amé, defirant faire remettre au pouvoir de noftre amé & feal Confeiller en noftre Cour de Parlement de Paris , & Chancelier de l'Ordre de Noftre-Dame du Mont-Carmel, & de Saint Lazare de Ierufalem le Sieur Merault , les papiers concernant l'Ordre du Saint Efprit de Montpellier , lefquels ont efté remis à voftre garde , à la délivrance defquels nous avons efté informez qu'il a efté formé oppofition. NOUS VOUS faifons cette Lettre , par laquelle Nous vous mandons & ordonnons tres-expreffément , que fans vous arrêter à ladite Oppofition , & nonobftant icelle vous ayez à remettre incontinant & fans délay és mains du Sieur Merault , tous & chacuns les titres , memoires & papiers generalement quelconques concernans ledit Ordre du Saint Efprit de Montpellier, qui font à voftre garde , fans aucun excepter , & moyenant la prefente vous en ferez bien & valablement déchargé par tout où il appartiendra , n'y faites donc faute : Car tel eft nôtre plaifir. Donné à Verfailles le feptiéme Mars mil fix cens foixante - treize. Signé , L O U I S , Et plus bas, LE TELLIER.

Quelques Chevaliers de faint Lazare perfuadez que pour aneantir fans retour l'Ordre Militaire du faint Efprit , qui faifoit ombrage à l'Ordre de faint Lazare , il ne faloit que luy ofter fes Titres, fans lefquels il ne pourroit fe relever , ménagent adroitement le

Commiſſaire, le mettent dans leurs intereſts, font perdre à l'Ordre du ſaint Eſprit tous ſes Titres, tous les éclairciſſemens, le fruit d'une recherche exacte par toute la France & dans les Pays Etrangers, du Sieur de la Terrade, du Sieur Des-Eſcures & de Monſieur de Ceſarée, d'un grand nombre d'Officiers, de Commandeurs, & de Chevaliers, l'eſpace de plus de ſoixante années.

Le deſſein ne ſe peut mieux juſtifier que par l'execution. Le Commiſſaire inventorie des pieces importantes ſans dire un ſeul mot qui en donne connoiſſance; il employe ſouvent des termes generaux dont l'eſprit incertain ne peut faire de juſte application. Quelque vague que ſoit la deſcription, ſa premiere faute étoit inutile aux deſſeins de ces Chevaliers s'il n'eut pas affecté d'obmettre ce qu'on n'a jamais obmis dans un Inventaire. On compoſe une liaſſe, on marque le nombre des pieces; on les place ſous une cotte; on applique le paraphe ſur chaque piece. Item, *une Liaſſe de quarante pieces qui ſont Traitez & Memoires, qui concernent l'Ordre du ſaint Eſprit, leſdites pieces paraphées par premiere & derniere, ladite Liaſſe paraphée & cottée deux.* On en uſe ainſi dans toutes les deſcriptions. Dans celle-cy le Commiſſaire paraphe ſeulement chaque Liaſſe, met la cotte, ne paraphe aucune piece, & n'en marque pas le nombre.

Par cette addreſſe, on peut ſuppoſer des pieces, & ſoutenir qu'elles font partie de la Liaſſe; on en peut retrancher; & il eſt impoſſible de s'eclaircir de la verité, par le défaut de paraphe ſur chaque piece & d'en marquer le nombre. Les Chevaliers du saint Esprit ne sont pas en pouvoir de dire ; *la piece est supposée.* Ils ne peuvent, ny en refuser aucune, ny former de justes contestations sur celles qu'on leur donne, ny se plaindre de la soustraction, d'une maniere à s'en faire faire quelque raison. Cet artifice, par lequel on cache, on ajoûte, on retranche, on suppose, on supprime des pieces, accompagné d'un discours vague & general sur differentes cottes de la description, fait connoître le dessein de supprimer tous les éclaircissemens necessaires à l'Ordre, & que ces éclaircissemens se trouvoient dans les mêmes pieces.

Il se voit neanmoins par quarante - six cottes & par differentes Liasses, dont l'Inventaire est composé, qu'il y avoit un grand nombre de pieces, des Brevets de Grands Maistres Seculiers, des Provisions de Chevaliers, des prises de possession de Commanderies, des traitez & des partages entre les Reguliers & les Chevaliers, meslez dans les Commanderies où chaque état avoit sa Manse & son revenu à part, des Titres en parchemin qui pouvoient donner de grandes instructions, des reconnoissances par les Reguliers aux Grands Maistres Seculiers, des procés entre les Reguliers & les Chevaliers, des Transactions & des Arrests, qui les terminent, des Memoires instructifs du Sieur de la Terrade, qui avoit fait revenir à l'Ordre un grand nombre de Commanderies, du Sieur des Escures, de Monsieur de Cesarée, qui s'étoient donné les mêmes soins avec le même succés, de leurs Agens dans les Provinces, & d'un grand nombre de Chevaliers.

Les Sieurs de saint Lazare enrichis des dépoüil-les de l'Ordre du saint Esprit triomphoient de son malheur. Les Chevaliers, abbatus & dans la derniere consternation, eurent recours aux Prieres pour fléchir le couroux du Ciel irrité ; donnent des Placets, attendent avec esperance & avec soûmission le retour des graces de sa Majesté, sans que ny Grand-voynet ny aucun Regulier ayent paru pour les solliciter. La perseverance de vingt-un années a obtenu grace & a été recompensée par un Edit du mois de Mars 1693. qui rétablit tous les Ordres Militaires. Il commence par l'Ordre du saint Esprit, on le nomme toûjours, on le distingue, on met tous les autres à sa suite, on se contente de dire en quelques endroits, *Ledit Ordre du saint Esprit & autres cy - dessus énoncez.*

Il est difficile de concevoir ceux qui veulent que le Roy n'ait pas declaré l'Ordre Militaire par un Edit qui luy donne le même titre, le separe des autres par distinction & par preference, on ne sçait pas si ces opiniâtres pourront resister à la parole du Roy dans le Brevet de Grand Maître dont sa Majesté a honoré *le Sieur Abbé de Luxembourg.*

Aujourd'huy premier jour d'Aoust 1693. Le Roy estant à Marly, sa Majesté voulant procurer l'entier rétablissement de l'ancien Ordre Militaire & Archi - Hospitalier des Chevaliers & Religieux du Saint Esprit ; Elle auroit par son Edit du mois de Mars de la presente année verifié en son Grand Conseil le neuviéme Avril dernier, & de la Declaration donnée en consequence le quinziéme dudit mois défuni tous les biens appartenans audit Ordre,

F iij

qui auroient esté cy-devant unis à celuy de Nôtre Dame de Mont-Carmel, & de saint Lazare. Et pour rendre &c. Sa Majesté aprés avoir esté informée que la Commanderie generale & Chef dudit Ordre du Saint Esprit de Montpellier est vacante & destituée, il y a long-temps, d'un veritable & legitime titulaire, afin de ne pas exposer ledit Ordre aux mêmes inconveniens où il s'est trouvé &c. auquel effet sa Majesté luy a fait don de ladite Commanderie generale & Chef de l'Ordre Militaire & Archi-Hospitalier des Chevaliers & Religieux du Saint Esprit de la ville de Montpellier, &c.

Les moyens de Grandvoynet ne servent qu'à découvrir la Milice. Beugle qui est Commandeur de la Commanderie de Besançon, & Grandvoynet Commandeur de Dole, qui est un des membres de la premiere, le Superieur, & le subalterne se lient d'interests & de desseins, enlevent tous les titres des Archives & du Tresor. Beugle les emporte à Rome, & Grandvoynet asseuré par la soustraction des pieces incontestables en faveur de la Milice vient à Paris pour y donner atteinte.

Ce vol executé pour soustraire l'éclaircissement de la verité, persuade aisement que sa conscience n'est pas chargée de scrupules. Il a besoin de faussetez & de suppositions pour soûtenir l'injustice de ses desseins, il ne s'en refuse aucune, il ose même supposer un pouvoir du Sieur Cazaly Commandeur de sainte Marie en Saxe pour donner en son nom des Requestes. Les consequences attachées à une supposition de cette force ne demandent pas la penetration de Messieurs les Commissaires. Elles tombent sous les premieres veuës de l'efprit. Que doit-on croire fur le pouvoir du Sieur de Cazaly par la fuppofition du pouvoir des Reguliers de France qui fe peut découvrir avec la derniere facilité. Grandvoynet perfuadé qu'un feul Regulier ne fait pas nombre , & ne reprefente pas le corps , fuppofe hardiment une procuration generale de tous les Reguliers du Royaume, qui par des foûmiffions volontaires que la feule conviction de la verité avoit obtenuës, ont prefque tous reconnu Monfieur de Cezarée , fans qu'il ait efté obligé d'avoir recours à l'autorité de la Juftice que contre trois Commandeurs de cette qualité. Le Sieur Abbé de Luxembourg qui n'a pas eftimé devoir écrire à tous les Reguliers de l'Ordre , s'eft adreffé à ceux qui poffedent à prefent la celebre Commanderie de Dijon , leur defaveu formel fait connoître le caractere du Franc-Comtois, ils n'en font pas demeurez-là ; ils prennent le party du Sieur Abbé de Luxembourg & de la verité , ils fe declarent en fa faveur & pour la Milice.

Dés qu'une fauffeté paroift neceffaire à Grandvoynet , il l'execute. Alexandre V I I. qualifie le Sieur Des-Efcures de fimple Clerc dans un Bref qu'il luy addreffe, Grandvoynet, qui en prévoit les confequences, ajoûte ces mots dans le Bref *Canonico , ut exiftis , Regulari* , aprés avoir fait felon luy un Regulier du Sieur Des-Efcures qui n'étoit que Clerc & fimple Tonfuré , il s'applaudit , & fe récrie dans fon memoire que le General de l'Ordre étoit Regulier. Les éclairciffemens qui viennent de l'ancre plus fraifche & du parchemin gratté fur l'addition des mots *Cano-*

nico ut exiftis Regulari , le commencement du Bref dans lequel le Pape qualifie de fimple Clerc le Sieur Des-Efcures, & la preftation de ferment où il prend la même qualité , découvrent le crime & l'aveugle-ment du fauffaire.

Devenu plus hardy par cette fauffeté , il ne fait aucun fcrupule de s'engager dans un nouveau cri-me. La Bulle de Gregoire X L détruit fes préten-tions ; il cherche à luy ofter toute créance. Les Sieurs de faint Lazare avoient plaidé contre luy & produit copie de la même Bulle *collationnée à l'Ori-ginal* ; fon Avocat au Confeil retire de Monfieur de la Grange tout le procés dont cette copie en forme faifoit partie , lors qu'il eut affaire aux Chevaliers du faint Efprit , qui felon luy & dans la vraye-fem-blance ne pouvoient pas fe fouvenir precifément de l'état de la piece quand elle fut dépofée au Sieur Merault ; de ces mots *collationée à l'Original* , il en efface *à l'Original* , & d'une manieré à n'en laiffer aucun veftige , pour jetter des foupçons fur la colla-tion d'une piece decifive.

Convaincu de fouftractions & de fauffetez , il fe perfuade que Meffieurs font obligez de le croire fur fa parole dans tous les faits qu'il avance , *que la Bulle de Gregoire XI.* dont il s'eft inutilement ef-forcé de faire foupçonner la forme, *eft fauffe, & qu'il offre de le prouver, qu'elle n'établit nullement la Chevalerie dont elle ne dit pas un feul mot* , quoy que l'épée des Chevaliers y brille dans tous les endroits , *que les Bulles d'Urbain VIII. font fubreptices & obreptices,* fans pouvoir marquer ny fuppofition ny furprife,

que

que l'Edit de 1671. qui parle en termes formels des Chevaliers, *n'en parle en aucune maniere.* Le silence qu'il garde sur l'Edit de 1693. fait connoître qu'il ne peut disconvenir que sa Majesté y declare *l'Ordre Militaire.* Il donne neanmoins son memoire pour le combatre, & se flatte d'une revocation du même Edit par Messieurs les Commissaires qui apportent toute leur application à le faire executer.

D'abord que le Memoire de Grandvoynet vint à paroître, on eut recours à la veuve du sieur Merault, chargé de tous les papiers de l'Ordre du Saint Esprit par le Procez verbal du Commissaire ; elle se défend par une renonciation à la communauté, on s'adresse aux enfans, ils se mettent à couvert sous la qualité d'heritiers par benefice d'inventaire, où il ne se trouve aucun titre de l'Ordre.

On sollicite, on presse de toutes manieres les Sieurs de saint Lazare, ces anciens Ennemis de l'Ordre du saint Esprit qui regardent ses dépoüilles comme leur patrimoine, qui se persuadent que l'Ordre les vole quand il reprend son bien, qui se promettent de conserver les Commanderies que les Chevaliers ne pourront justifier leur appartenir ; que peut-on attendre de ces Ennemis dont la haine est secondée par l'interest, que les effets de l'interest & de la haine ? Ils ne manquent pas d'opposer le défaut de paraphe sur chaque piece, & de se croire en seureté par la faute affectée du Commissaire.

On leur feroit grace de leur injustice sur toutes les Cottes s'ils rapportoient seulement la vingt-cinquiéme. Item, *une Liasse à laquelle est un Livre de la*

G

fondation des Hôpitaux du saint Esprit, avec quelques Copies cottées 25. Le titre du Livre en découvre l'importance, aussi leur injustice s'est attachée à le retenir, & ne manquera pas de s'y attacher par preference. Il est arrivé par hazard, sur quelques Cottes, qu'ils n'ont inventorié qu'une seule piece qui est necessairement paraphée, ils ne peuvent à cet égard se garentir par le deffaut de paraphe, ils se retranchent sur la negative, & a soutenir positivement que les pieces ne sont pas en leur possession. *Item un Registre en parchemin, contenant sept feüillets écrits,* ce Registre de l'Ordre pouvoit donner quelque éclaircissement, il ne se trouve point. *Item un Registre couvert en parchemin estant en lettre gothique & intitulé l'Ordre de &c. dans lequel sont écrits les actes d'Assemblées faites à Dijon Cotte 26.* ces lettres gothiques marquent d'anciens Chapitres tenus dans la Commanderie, on y trouvoit, & de quelle maniere se pourroit-il faire qu'il ne s'y trouvât pas ce que Gaultier a veu dans les Chapitres de Besançon, le bon sens peut-il souffrir quelque difference de sujets dans les plus celebres Commanderies du même Ordre ? ce Registre est disparu pour l'Ordre du Saint Esprit.

On ne peut mieux voir la mauvaise volonté de quelques Chevaliers de Saint Lazare, que par la cotte 27. *Item un Livre intitulé Bullarium totius Ordinis & Militiæ Sancti Spiritus, cotté 27.* qui decidoit seul de toute la contestation, qui renfermoit les Bulles favorables à la Milice, dont Gaultier parle affirmativement, & qui déconcertoit les desseins des Reguliers, qui composent pour eux un Bullaire exprés, intitulé *Bullarium totius Ordinis*. Où ils affectent d'obmettre la Bulle de Gregoire XI. par les confequences qu'on en peut tirer à l'avantage des Chevaliers.

Pour donner le change, les Sieurs de Saint Lazare communiquent au Sieur Abbé de Luxembourg un Livre avec ce Titre, *Bullarium ordinis & Militiæ*, fans cotte, & qui ne peut être le Bullaire de la cotte 27. il s'y trouvoit peut-être quelques endroits avantageux aux Chevaliers, on les déchire, on met tout le Livre en defordre. Les Chevaliers du Saint Efprit étoient faifis d'une Copie en forme, & collationnée à l'Original du Chapitre General de l'Ordre tenu à Montpellier en 1632. Cette Copie fut mife fous le contre-fcel de l'Edit de 1671. fcellé par Monfieur Seguier, & avoit paffé entre les mains du fieur Merault avec les autres titres; on cache cette Copie, on fubftituë à la place une Copie toute informe, mélée d'abfurditez, & qui ne peut être celle du contre-fcel, à moins que de faire injure aux lumieres de cet illuftre Chancellier, le Protecteur des belles Lettres.

Il reftoit encore une reffource à l'Ordre dans les titres ramaffez par les foins des Chevaliers qui les avoient dépofés au fieur Tarboucher Archivifte & Secretaire General, il eft frappé d'apoplexie & de mort fubite. Le Chevalier Bretin de Montravel, forme de la part du fieur Abbé de Luxembourg oppofition au fcellé; fa veuve qui ne trouve rien de plus folide pour la feureté de fes conventions, que les titres de l'Ordre, rompt, force le fcellé, s'en faifit & donne un gros Procés criminel à entreprendre & à pourfuivre.

Aprés tant de malheurs, la vérité ne laisse pas de se faire jour de toutes parts : *Dans les Bulles des Souverains Pontifes ;* que de Bulles avantageuses à la Milice ? *La Bulle d'Innocent III.* de Decembre 1198. par la précaution que Guido prend d'oster à la Commanderie de Bragayrac la dénomination D E S P A D A R U B E A qui ruïnoit ses desseins, par les Commanderies de Marseille, de Rome, de Troyes qu'elle énonce, & qui étoient fondées auparavant, par la demeure perpetuelle dans les Hôpitaux où · elle assujetit ces nouveaux Reguliers, pour les retenir dans le penchant de leur ancienne habitude & de leur premiere condition, d'agir au dehors & de vivre dans le Siecle, par les adoucissemens qu'elle apporte sur la difficulté d'un changement penible, en leur accordant la liberté de recevoir des Seculiers pour demeurer avec eux dans l'interieur de leur Monastere. *Les Bulles de Nicolas IV. & de Boniface VIII.* par le nombre des Commanderies que les Reguliers possedoient alors, qui font voir que les autres Commanderies n'étoient pas dans leur possession, & ne pouvoient appartenir qu'aux Chevaliers. *La Bulle de Gregoire XI. de 1372.* par la dénomination D E S P A D A R U B E A de differentes Commanderies, & l'effet infaillible de la même dénomination pour la Milice. *La Bulle de Paul II.* qui sous pretexte d'une nouvelle Institution rétablit les Chevaliers du Saint Esprit dans Rome. *Les Bulles d'Urbain VIII. de 1625.* par la qualité de Grand Maître qu'elles donnent au Sieur de la Terrade Seculier, & par le droit de nommer les Seculiers aux Commanderies Seculieres , & les Reguliers aux Regulieres. *La Bulle d'Alexandre VII. du 5. Juin 1658.* par le titre de Grand Maître & de simple Clerc dont elle qualifie le Sieur Des-Escures. *Bulles* émanées l'espace de sept Siecles, & obtenuës par les Reguliers à l'exception de celles *d'Urbain VIII. & d'Alexandre VII.* La Milice se découvre enfin , dans les Bulles qui ne paroissent pas, que les Reguliers ont pris soin , & avoient interêt de supprimer, que le témoignage de leurs Auteurs qui sont de bonne foy met en évidence, & dont il fournit des preuves achevées.

La Milice paroît encore *dans la seule denomination* DE SPADA RUBEA sous laquelle differentes Commanderies ont esté fondées. *Dans l'établissement des Commanderies de Marseille , & de Dijon* anterieures à la Bulle de 1198. & à Guido Instituteur de la pure Regularité. *Dans les Commanderies d'Aubrac, de Besançon, d'Auray* , & les Chevaliers dont elles étoient peuplées. *Dans les Chapitres particuliers de la Commanderie de Besançon* , par l'équipage de guerre des Chevaliers qui composoient ces Chapitres, les Chevaliers, d'Aubrac, d'Auray, & des Commanderies DE SPADA RUBEA , estoient-ils moins obligez à tenir Chapitre & d'y paroître dans le même état que les Chevaliers de Besançon ?

Dans les Chapitres Generaux justifiez par l'obligation & la necessité d'en tenir pour répandre & pour conserver le même esprit dans le même Ordre, par les assemblées particulieres des Commanderies qui engagent necessairement de temps en temps à des Assemblées

[marginal note:] Gaultier Commandeur Regulier.

generales de tous les Commandeurs , pour y rendre compte de leurs Commanderies , de leur sujets , de leur conduite, par le Chapitre General de 1032. attaché sous le contre-scel de l'Edit de 1671. que le même Edit autorise, que les lumieres de Monsieur Seguier garentissent de tout soupçon , & dont les artifices des Sieurs de saint Lazare , ennemis declarez de l'Ordre du Saint Esprit appuyent la foy & la verité , par le Chapitre tenu en l'Isle Jourdain ou le Sieur Des-Escures *est qualifié Grand Maître de l'Ordre , Milice & Religion du Saint Esprit* , & par la convocation d'un Chapitre general sous Monsieur de Cesarée.

Dans le changement d'état des trois Commanderies, d'Aubrac, *d'*Auray *&) de* Besançon *,* dont les Chevaliers ont esté chassez par les Reguliers, peinture naturelle & veritable , representation trop fidele des malheurs de la Milice & de l'usurpation de toutes les autres Commanderies par les Reguliers : *Dans la reconnoissance des Reguliers* qui se sont mélez d'écrire sur la Milice, du vieux Commandeur & du jeune Profez , tous deux engagez d'interest à la détruire , du Commandeur qui en apporte des preuves demonstratives qu'il a puisées *selon les manieres de parler dans les anciens Chapitres de Besançon tres-autentiques & sans soupçon, dans les Bulles des Papes , dans les fondations des Hospitaux* DE SPADA RUBEA , & du jeune Profez qui aprés avoir mis en œuvre tous les tours de l'école, le stile declamateur & figuré reconnoît son Maître dans le Commandeur , se rend à la force de ses raisons, fait hommage par son silence à la Milice qu'il avoit ignorée. *Dans le serment d'Henry III.* qui veut que l'ancien Ordre Militaire, soit la base & l'appuy de l'Ordre de son Institution ; Grandvoynet renverse tous les fondemens du nouvel Ordre du Saint Esprit.

Dans les Edits de sa Majesté, l'Edit de 1671. qui confirme l'Ordre, l'Edit de 1672. qui le supprime ; l'Edit de 1693. qui le rétablit, confirmation, suppression, rétablissement de l'Ordre en qualité de Militaire & comme Chef de tous les Ordres de cette Institution. *Dans l'enregistrement de ces Edits*, leur execution, les Lettres Patentes, & dans une infinité d'Arrests en conformité. *Dans la soumission universelle des Reguliers du Royaume*, qui reconnoissent la Milice, la force & la justice des preuves de Gaultier Commandeur, condamnent tous Grandvoynet, se declarent parties & demandent sa condamnation. *Dans la ruine & le renversement des Reguliers* ; sans le secours du Sieur de la Terrade & des Bulles d'Urbain VIII. qu'il a obtenuës pour le salut commun de l'Ordre, les Reguliers restoient abîmez & sans ressource.

Dans la possession de l'état Militaire en tous les temps & en tous les siecles, par les Titres mêmes & par les Bulles des Reguliers ; par la Bulle d'Innocent III. de 1198. qui leur accorde des Commanderies fondées auparavant & qui fait voir qu'elles étoient en des mains differentes, qui par dix Maisons dont elle leur fait grace, justifie que tous les autres restoient dans l'état de leur origine & en la possession des Chevaliers. *Par les Bulles de Nicolas IV. de Boniface VIII.* la possession où se trouvoient les Reguliers de trente Commanderies en France, énoncées par ces Bulles, ne confirme t'elle pas la poſſeſſion des Chevaliers dans toutes les autres ? *Par la Bulle de Gregoire X I.* & les conſequences retouchées tant de fois ſur ces mots deciſifs *Olim dictam* , DE SPADA RUBEA , par la poſſeſſion des Chevaliers avant l'état Regulier des cinq Commanderies DE SPADA RUBEA qu'elle énonce , & par la poſſeſſion actuelle de toutes les autres Commanderies de la même dénomination dont elle ne parle pas & qui reſtoient entre les mains des Chevaliers. *Par les ſeules Commanderies* d'Auray , D'Aubrac & de Beſançon, que les Reguliers ont uſurpées dans le quinziéme Siecle; uſurpation de ce temps ‑ là qui établit la poſſeſſion des Chevaliers dans tous les temps qui la precedent. *Par le ſerment d'Henry I I I.* qui s'engage de maintenir les Chevaliers, preuve achevée de la poſſeſſion de l'état Militaire & qu'il reſtoit encore des Chevaliers dans l'Ordre. *Par la ſucceſſion* des Grands Maîtres Seculiers dans nôtre Siecle. *Par les creations* des Chevaliers , les Proviſions des Commanderies , les priſes de Poſſeſſion ; *par les Aſſemblées Capitulaires , & par les Chapitres Generaux.*

La Milice paroît dans la ſuppreſſion des Titres par les Reguliers, & principalement de tous les Actes qui pouvoient donner quelques ſoupçons des anciens Grands Maîtres Seculiers. Dira-t'on que les Commanderies de Marſeille , de Dijon , d'Auray, de Beſançon , d'Aubrac ; les Commanderies DE SPADA RUBEA. Dira-t'on que ces Commanderies fondées avant Guido & ſous la même qualité de Commanderies du ſaint Eſprit , ne compoſoient

pas

pas un Ordre complet & formé ? A-t'on jamais vû un Ordre sans Superieur & sans General, un Superieur & un General sans droit de vûë & d'inspection sur tous les Sujets du même Ordre ? Est-il possible que tant de Membres répandus & dispersez dans toutes les Provinces soient demeurez sans Chef, qui les anime du même esprit, les réünisse & les entretienne tous dans l'Observance des mêmes devoirs ? C'est pour cela que les Reguliers se sont attachez aux Grands Maîtres, c'est contre les Generaux qu'ils ont employé leurs efforts pour en effacer toutes les traces & tous les vestiges. Un seul Grand Maître dans un seul titre sauvoit l'Ordre tout entier, la suppression en étoit facile, il est plus aisé de supprimer les éclaircissemens de dix ou douze Grands Maîtres, que d'ôter la connoissance d'un nombre infiny de Commanderies. Comme un seul Grand Maître eut conservé tout l'Ordre, les preuves sur differentes Commanderies & sur tant de Membres font voir les Chefs & les Generaux.

Dans l'incendie & le saccagement de la ville de Montpellier les Reguliers en ont-ils pû sauver un seul de leurs Grands Maîtres ? sans des Bulles adressées à deux ou trois de leur Generaux, ils n'en justifieroient pas un seul ; le feu les a consumez tous. Les anciens Grands Maîtres de la Milice pouvoient-ils se sauver du feu & des Reguliers ?

Dans l'embrasement general de toute la France, par les Huguenots & les Guerres, civiles qui ont augmenté le nombre des Usurpateurs interressez à supprimer les Titres, & ajoûté de nouveaux en-

H

nemis aux Reguliers & aux Incendiaires.

Dans l'injuste procedé de quelques Chevaliers de saint Lazare, sur la maniere de faire dresser le procés verbal des titres de l'Ordre du Saint Esprit pour en dispo_ser sur le pied de leurs interests & de leurs desseins, par la suppression des uns, par la supposition des autres, par le *refus du Livre de la fondation des Hôpitaux,du bullaire de Milice*, *des Actes Capitulaires de la Commanderie de Dijon*, *du veritable & celebre Chapitre de* 1032. suppo-se-t-on de faux titres , supprime-t-on les veritables que pour cacher la verité, refuse-t-on le Registre des assemblées Capitulaires de Dijon , que par la conformité de ces assemblées à celles de Besançon où les Chevaliers paroissent en état de Chevalerie , *le bullaire* que pour soustraire les Bulles qui justifient la Mili-ce , & dont Gaultier parle , *le Livre des fonda-tions des Hôpitaux* que pour ôter la connoissance des Commanderies D E S P A D A R U B E A , que le mê-me Commandeur avoit trouvées dans les titres de l'Ordre & qui se voyent encore dans la Bulle de Gregoire X I. Pourquoy donnent-ils le change sur le Chapitre de 1032. & en fournissent-ils une fausse copie que par l'effet de la veritable en faveur des Chevaliers du saint Esprit?

Dans les soustractions de Beugle Commandeur de Besan-çon, *& de Granvoynet Commandeur de Dole* , *de tous les titres de la Commanderie de Besançon* , ils violent la foy d'un dépôt public, dans lequel *le Sieur Abbé de Luxembourg* avoit droit de chercher des éclair-cissemens , ils enlevent ces titres dans le temps & sur le point de la décision du differend , Grandvoynet ne hazarde son memoire devant Messieurs les Commissaires, que sur l'assurance qu'il prend dans le vol & dans l'execution du crime. Le témoignage de Gaultier, *j'ay veu, dans les archives de nôtre fameux tresor de Besançon des actes Capitulaires fort anciens autentiques & sans soupçon, où aprés les Commandeurs Prétres, les Chevaliers ont leur rang avec ces éloges* MILITES ARMATI, le témoignage de ce Commandeur Regulier se soûtient par luy même. Cependant le vol de Grandvoynet y donne encore un nouveau poids & une nouvelle force, si ces Chapitres paroissoient aujourd'huy, on en discuteroit la forme, & tous les termes. La souftraction de Grandvoynet épargne ces soins, les fait voir sans defaut & sans replique contre celuy qui les dérobe.

Dans le scellé rompu par la veuve du Sieur Tarboucher archiviste, étoit-t-il archiviste sans titres & dépositaire sans dépost, a-t-on formé opposition que pour conserver les titres de l'Ordre, *sa veuve s'est elle engagée à rompre le scellé* que pour les souftraire, que par l'esperance d'en profiter, que sur l'assurance qu'ils pouvoient donner des éclaircissemens?

Dans le concours de tous ces malheurs sur les Titres de l'Ordre, Si le feu prend à quelque Monastere, sur la foy d'un simple procés verbal on donne des jugemens qui dispensent de la representation des Titres; on ne voit qu'Ordonnances, que Lettres Patentes sur cette matiere. Les Reguliers, les Usurpateurs, les Huguenots, les Guerres civiles, les incendies, les souftractions, les Scelez brisez, tous les malheurs se réunissent & conspirent pour aneantir la Milice,

H ij

& on ne poura pas ſe faire un ſecours de tant de malheurs, pour appuyer du moins les Titres qui reſtent.

Dans l'antiquité de l'Ordre du ſaint Eſprit. Les Edits, les Lettres Patentes, le Serment d'Henry III. & preſque toutes les pieces, qui en parlent, le traitent quelquefois d'*Ancien*, quelquefois *du plus Ancien Ordre de l'Egliſe.* Et la vieille tradition, bien priſe & bien entenduë, que ſainte Marthe en eſt la Fondatrice, n'eſt pas inutile pour en faire voir l'Antiquité.

Dans le nombre & la réunion de toutes les eſpeces de preuves, Bulles, Edits, Sermens des Rois, Aſſemblées particulieres, Chapitres generaux, Fondations des Commanderies Militaires, ſoumiſſion de tous les Reguliers, témoignages authentiques de tous leurs Ecrivains, leurs diſgraces par le deſordre de leur conduite, leur rétabliſſement par le ſecours des Chevaliers, poſſeſſion continuelle des Chevaliers l'eſpace de prés de huit Siecles. Quel genre de preuves peut-on deſirer?

Dans le rapport & la conformité ſur la Milice de ces Titres ſi differens, lors qu'un ſeul peut ſuffire. Qu'on les ſupprime tous, une ſeule Commanderie des Chevaliers de l'Ordre du Saint Eſprit le fait voir Militaire, & découvre en même temps l'uſurpation de toutes les autres.

La Milice & la grandeur de l'Etat Militaire ſe trouve enfin *dans la décadance des Chevaliers.* Ce grand Corps qui ſe ſoutenoit par le nombre de ſes Sujets, par ſon propre poids, & par la ſolidité qu'il avoit acquiſe l'eſpace de pluſieurs Siecles, n'eſt tombé que par pieces & par lambeaux. Les addreſſes de Guido n'en ont ſeparé que dix Commanderies; ſes Reguliers ont travaillé plus de trois Siecles à le détruire , il n'a pû ſuccomber tout entier ſous leurs deſſeins & ſous leur opiniaſtre perſeverance. La haine & la violence des Huguenots , les artifices & l'autorité des uſurpateurs , les Incendies, les Guerres Civiles , ont été neceſſaires pour achever ſa perte & ſa ruine. La chute en fait connoître l'étenduë , & la nobleſſe,en marque l'éclat & la force dans les neuf, dix & onziéme Siecles & dans ſon état de conſiſtance. A-t-il fallu moins de temps pour l'établir & pour le former, que pour le démembrer & pour le détruire ? Il va recouvrer toutes ſes forces & toutes ſes Commanderies ; Il reprendra tout ſon éclat. Qui peut en douter ? Le Roy en ordonne le rétabliſſement.

Quelle heureuſe deſtinée ! Loüis d'Anjou Roy de Jeruſalem & de Sicile , à qui le Ciel avoit inſpiré la penſée de rétablir les Chevaliers du ſaint Eſprit, étoit Fils de Jean Roy de France & de la Reine Bonne de Luxembourg. L O U I S L E G R A N D veut bien ſe ſervir pour le ſuccés de ſes deſſeins dans le rétabliſſement du même Ordre , de Pierre Henry Thibault de Montmorency Luxembourg , Fils de François Henry de Montmorency , & de Bonne de Luxembourg.

Ce même Prince qui eut en Appanage la Seigneurie de Montpellier, prit dans les Archives le modele de l'Ordre du Saint Eſprit ; & il plaît au Roy d'honorer l'Abbé de Luxembourg du Brevet de Commandeur de la Commanderie generale de Mont-

H iij

pellier, pour les interêts de l'Eftat & le bien de fon fervice.

On ne peut mieux reconnoître toutes ces graces que par le fidele ufage des mêmes graces ; Et l'Abbé de Luxembourg ne fe difpenfera jamais d'une attention continuelle pour remplir les deffeins de S a Majeste.

Des Reglemens exacts & dreffez avec tant de précaution, que le temps ne ferve qu'à les affermir, la difference des Seculiers & des Reguliers menagée par des Statuts, pour leur donner de l'émulation , & attirer une efpece d'infpection mutuelle qui les maintienne tous dans le devoir , l'hofpitalité foigneufement gardée, ces oififs & ces faineans qui cachent leur force & leur fanté fous les apparences de maux imaginaires , dérobent des Soldats à l'Eftat , & entretiennent leur oifiveté aux dépens du bien des pauvres , banis & chaffez de tous les Hôpitaux , les revenus des Commanderies appliquez par preference aux indigens , & d'une maniere fi feure que les Chevaliers , foit par artifice , foit par autorité ne pourront jamais détourner l'employ de ce facré Patrimoine à leurs plaifirs, ou à l'établiffement de leurs Familles ; toutes ces chofes paroiffent également faciles à l'ardeur & au zele de l'Abbé de Luxembourg.

Quand le Roy envoye fes Ordres , fait part de fon genie , & communique fon efprit de victoire ; on gagne des batailles malgré les efforts de tant de Nations conjurées ; on force des retranchemens que les plus intrepides des autres Regnes n'auroient regardé qu'avec frayeur , on entreprend , on fait l'impossible. Dés que le Roy répand son esprit de prudence , de sagesse & de religion sur l'Ordre de Montpellier , l'Abbé de Luxembourg se charge avec confiance du parfait & de l'entier rétablissement de ce grand Ordre.

A PARIS,

Chez FRANÇOIS MUGUET, Premier Imprimeur du Roy, du Clergé de France, & de Monseigneur l'Archevêque , ruë de la Harpe aux trois Rois.

M D C X C V.

www.ingramcontent.com/pod-product-compliance
Lightning Source LLC
LaVergne TN
LVHW021754170726
843503LV00007B/2879